꽃들의 수작

초판 1쇄 발행 2025년 11월 1일

지 은 이   전종호
발 행 인   권희정
발 행 처   중앙&미래

등록번호   제 406-2020-000117호
주   소   경기도 파주시 청석로 300
전   화   1588-1312
팩   스   031)973-0404
이 메 일   jclee63kr@naver.com

출판기획   이정철, 이강렬
디 자 인   다솜플러스
표지그림   최창남

ISBN 979-11-983722-7-7 03800
정가 12,000원

※이 책은 저작권법에 의하여 보호를 받는 저작물이므로 무단전재 및 복제를 금합니다.
※이 책은 전부 또는 일부를 이용하려면 저자권자와 출판사의 동의를 받아야합니다.

꽃들의 수작

서시

모두가 꽃이다

태초에
태초 이후에도 부름이 있었고
부름이 있으매 이름이 있었고
이름이 있어 구별이 있었고
구별이 있으므로 알게 되었고
누구인지 알게 됨으로써
뜨거운 한낮에 꽃대를 세우고
애써 꽃을 피웠나니 어여뻐라
우리 모두 피어난 소명의 꽃
한 송이 꽃이 각각 세계이니
기쁜 마음으로 죽을 수 있노라
죽어 하늘의 별이 되리라
꽃을 비추는 별이 되리라
존재로 빛나는 꽃이여

그러함으로 당당히 받들 수 있고
당신을 받들 수 있으므로
그대 안에서 거듭 태어나
일컬어 행복이라 할 수 있다면
내 기꺼이 죽으리라
이름을 벗어 목숨을 걸고
저 높은 십자가에 매달리리라

차례

서시 · 모두가 꽃이다 · 4

제1부 _ 작은 것들이 어찌 이리 당당하여

홍매화 · 13

버들강아지 · 14

매화 · 15

냉이꽃 · 16

진달래 · 17

개나리 · 18

진달래 편지 · 20

민들레 · 21

벚꽃 야경 · 22

제비꽃 · 24

목련꽃 아래서 · 25

바래봉 철쭉 · 26

복사꽃 · 27

꽃들의 질서 · 28

꽃들의 연애 · 30

살구꽃 고향 · 32

통천포 배꽃 · 33

꽃 지랄 말 지랄 · 34

제2부_ 꽃잎 하나하나에 하늘의 바람을 담고

오막집 한련화 · 39

야생화 · 40

마가렛 · 42

물망초, 나를 기억하지 마오 · 43

명자꽃, 허황된 약속 · 44

모과 · 46

작약 · 47

아카시아 · 48

찔레꽃 · 49

등꽃 · 50

장미의 꿈 · 51

감꽃 · 52

그 감나무 · 53

엉겅퀴 · 54

감자꽃 · 55

자주달개비 · 56

별꽃 · 57

호박꽃 · 58

차례

제3부 _ 당신에게 물들며 물들이고 싶다

백합꽃 · 61

몽산포 해당화 · 62

유월 밤꽃 · 64

나리 · 66

연꽃 법문 · 67

메꽃 · 68

채송화 · 69

개망초 · 70

수국 · 71

도라지, 꽃이여 · 72

능소화 · 74

능소화 피는 집 · 75

접시꽃 편지 · 76

맨드라미 · 77

치자꽃 · 78

풀씨 · 80

배롱나무 · 82

배롱나무 2 · 84

봉숭아 · 85

바랭이 · 86

제4부 _ 절정에서 근본으로 돌아가는 길에

해바라기 · 89

질경이 · 90

달맞이꽃 · 92

분꽃 · 94

다알리아 · 95

코스모스 · 96

구절초 · 97

개쑥부쟁이 · 98

옥수수 · 100

단풍 · 101

과꽃 · 102

국화 옆에서 · 103

지리산 동백꽃 · 104

억새 · 106

붉은 인동초 · 107

파 · 108

서리태 · 109

눈꽃 · 110

낙화 · 112

시인의 산문 · 일화세계─花世界 · 113

제1부

작은 것들이 어찌 이리 당당하여

홍매화

선암사 홍매화 이른 소식을 듣고
한소식 들은 양 불원천리
한걸음에 남도로 달려온
성급한 사내를 보자
기특한 것인지 가엾은 것인지
대웅전 문풍지가 바르르 떨었다
미처 피지 않은 봉오리들은
눈썹 아래 가부좌를 틀고
철없는 꿀벌 몇 마리 모여
향기 주변에 풍경風磬을 달고
윙 윙 윙 삼매경에 빠질 때
앞산 뒷산 이 꽃 저 꽃
미착신 꽃소식에
사미승의 빗자루는
마당에서 하품을 하고 있다

버들강아지

멧비둘기 구 구 구 몸을 털며
제 몸뚱이보다 큰 울음을 울고
딱따구리 딱 딱 딱 생나무를 파며
목청보다 날카로운 제 부리를 벼리고
낙엽 이불 서둘러 개고 꼼지락대는
복수초는 벌써 노랑꽃을 이고 섰는데
긴긴밤 한겨울 허송세월에
쓸데없는 뱃살만 늘린 너는
이 봄에 무슨 뜻을 이루겠느냐
팔다리 꽁꽁 묶였다 졸 졸 졸
눈 비비며 살아나는 개울가
버들강아지 한 쌍이 묻고 있구나

매화

봄꽃이 너무 곱고 설워서
차마 뿌리의 안부를 묻지 못하고

꽃을 품은 하늘이 높고 파래서
그만 가지를 흔든 바람은 보지 못했네

내 한때 힘과 명예와 외모에 취해
기웃거리던 시절이 없지 않았으나

줄기가 기울어도 매화는 곧게 피고
빛이 까불어도 향기는 널리 퍼지니

겨울 노래를 참고 듣던 기다림 없이
어찌 봄 뜰에 꽃이 피어나며

이윽한 향기의 맴놀이 없이
봄날의 졸음을 쉬이 달랠 수 있으랴

냉이꽃

인생이 뭐라고 그리 비장하신가
아직 오지 않은 고민을 지고 계신가
앉은자리 툭툭 털면 그만이고만
매사 머리 싸매고 골치 아파하시는가
꾀꼬리 울음으로 사시려는가
장미꽃 웃음으로 사시려는가
잘나고 예쁘고 못난 놈들 한데 어울려
제멋대로 살아가야 화엄세상이지
돋보이지 않아 꽃 같지 않은 것들이
쓸모가 없어 풀 같지도 않은 것들이
그렇다고 아무것도 아닌 것도 아닌 것들이
겨울이라는 엄청난 물건을 몰아내고
뿌리내릴 땅이야 아무래도 상관없어
논둑 밭둑 심지어 시멘트길 어디서나
고개 들고 활짝 피어나야 봄인 것처럼
오르거나 넘어지거나 체념하거나
강약미추强弱美醜 어울려 어깨동무하고
동구밖에 자그만 꽃등 하나 걸 수 있다면
그대가 바로 천국의 길잡이가 아니겠는가

진달래

모양이 예뻐서가 아닙니다
빛깔이 좋아서도 아닙니다
향기 때문은 더욱 아닙니다

시린 바람의 망설임과
여린 햇살의 설렘과
기난힌 연인들의 눈맞춤이
박토薄土 강산에 씨가 되어

혼자서는 보기에 아깝고
여럿이 보기에도 아쉬운
연분홍 사랑이 피었습니다

앞서간 사람들의 한숨이
훗날 서정의 노래가 되듯
사월 산천의 가슴마다
서러운 진달래꽃이 피었습니다

개나리

싸우지 않고 겨울 찬바람을 고이
보내드린 것은 순전히 개나리 덕분이다
얼어붙은 세상을 포근하게 녹인 것도
개나리 노랑의 숨찬 진군 덕분이다

전라도 해남 또는 진도 어디 바닷가로부터
임진강 아랫마을 눌노천 노을길까지
노랑 물결이 군대처럼 겁나게 치고 올라와
바람에 움츠러진 가슴을 활짝 펴고
나란히 나란히 길과 동무하며 함께 걷는다

뽕 뽕 뽕 노랑 부리 병아리를 닮은
방금 초등학교에 입학한 어린아이들이
노랑 추리닝을 입고 마당을 뛰어다니고
어린이집 노랑 버스가 찻길을 달릴 때

반도의 이른 봄은 꿈을 꾸기 시작해서
노랑나비 한두 마리 눈썹에 날리며
들판을 뛰어다니며 모판을 준비하는

농부들의 힘찬 발밑에서 완성된다
그리하여 우리는 삼천리 방방곡곡
노랑 물결을 다시 희망이라고 부른다

진달래 편지

산성의 진달래도 투쟁하기 위해 피었다더니
어느 날 누군가 마음속에 품은 뒤부터
진달래는 연분홍 사랑을 위해 피었다
뒤돌아서 살그머니 말을 바꿨던 그대여

지금은 진달래는 무엇을 위해 피고 있는가
아니 하늘에서도 꽃은 여전히 피어나는가
속에서 끊임없이 불을 댕기는 무언가 있어
아직도 지상의 미로를 헤매고 있는가

그대는 이제 멀리 멀리 떠나고
주인 없이 늙은 개 한 마리 따라와
함께 홀로 목적도 없이 걸어가는 길
개 꼬리 너머 지난 세월이 덩달아 따르고

함께 바라보던 강 건너 산성의 벚꽃 수다
능선 위로 진달래밭이 설핏설핏 보이는데
그대 있는 거기도 봄마다 진달래가 피는가
속 아픈 단심丹心은 여전한가 묻기만 하네

민들레

당신이 알거나 말거나
이런 변방 후미진 곳에 주소를 두고

당신이 보지 않는 쓸쓸한 날에도
무릎 꿇지 않고 활짝 피어나겠다

봄날이 기물면 기물수록
더욱 긴 뿌리를 뻗어 어린 새끼를 치며

당신 발에 밟혀 꺾이더라도
희고 가는 씨방 훌훌 날려 결실을 보고

오늘 밤 따뜻한 당신과 함께
노랑 이불 덮고 다음 생$_生$을 꿈꾸고 싶다

벚꽃 야경

벚꽃이 피어야 비로소 봄이다
홀로 한 그루도 충분히 눈부시다만
함께 모여 웃고 피어야 벚꽃이다

한 줄 또는 두 줄로 길게 늘어서
서로 어깨 걸고 백 미터쯤
걸어가며 피어야 벚꽃이다

함께 모여 떠드는 웃음소리로
사람들의 이마는 더없이 빛나고
드디어 밤이 되어야 벚꽃이다

대낮 꽃잎의 현란한 춤사위와
가로등 아래 달뜬 벚꽃 열병으로
연인들의 사랑은 더욱 깊어 가고

꽃잎 붉어져 부끄러워할수록
팔짱을 끼고 걷는 사람들 노래로
벚꽃 터널의 그림은 완성되나니

발아래 기대어 오순도순 살고 있는
키 작은 제비꽃 민들레를 돌아본다면
십일천하十日天下라 한들 어떠랴
구슬비 소낙비 궂은비 봄비 내리면
꽃잎 세상 초록 물결로 거듭날 것이니
하룻밤 풋사랑이면 또 어떠랴

꽃 피는 순간에 마음은 열리고
마음은 길 따라 사람의 마을로 이어져
사랑은 다시 또 시작하는 것이니

제비꽃

나무 그늘 아래 햇살 한 줌
또는 콘크리트 미세한 틈을 비집고
하필 아무나 찾지 못할 이 주소에
우아한 자태로 가부좌를 틀고 앉은
손톱만 한 제비꽃이여
작은 것들이 어찌 이리도 당당하여
꽃 한 번 본 가슴마다 지울 수 없는
자주색 화인火印을 찍을 수 있는가
무수한 벌레 세상에서 일어나
두 눈 부릅뜨지 않고도 어찌
변덕쟁이 봄바람을 다스릴 수 있는가
두루두루 색상의 조화를 베풀고
허허로이 곱게 일어나는 아침
무릎 꿇고 올려보노니 제비꽃이여
고고한 당신의 기품은 어디서 오는가
주먹에 쥔 욕심을 활짝 폈기 때문인가
향기를 모두 바람에 탕진한 때문인가

목련꽃 아래서

목련꽃 아래서 꽃이 피기를
매일 아침 턱을 괴고 기다린 사람은 안다
시간은 물처럼 흐르는 것이 아니라
마디마디 마디지어 있다는 것을
마디마다 옹이가 박혀 있다는 것을
손을 비비며 간절히 기다린다고
바라는 소식 쉬이 오시 않고
더욱이 바람의 속도로 오지 않는다는 걸
애타게 핀 꽃도 지는 건 순간이라고
한숨 쉬며 애달아 하는 것도
외눈박이 성급한 사람의 시간일 뿐
꽃을 지우고 열매를 익혀
소명召命을 완성하는 것이
진정 나무의 시간이라는 것을
뚝뚝 굵은 눈물 짓는 목련꽃 아래서
아직 도착하지 않은 절절한 소식을
목 빼고 기다리는 사람은 알고 있다

바래봉 철쭉

꽃이 피는 것은 잊지 못하기 때문이다
사랑하는 떠난 사람을 잊지 못하고
세월을 건딘 사랑을 잊지 못하기 때문이다

꽃이 저리도 붉은 것은 그리움 때문이다
사랑을 알게 하고 허무를 가르친 사람
그리움을 참아 낸 세월이 아팠기 때문이다

애틋함으로 천국의 집을 옮겨 지었지
눈물로 절망의 강물을 흐르게 했지
칼을 벼려 허공을 베던 시절이 있었지

해마다 지리산 바래봉을 오르는 것은
산 뿌리에서 솟는 철쭉의 뱃속 노래를 듣고
허기나 환상이나 헛것들을 비우기 위함이다

복사꽃

담장에 살짝 턱을 괴고
들킬까 숨죽여 피어난
진분홍 복사꽃 한 송이
손을 잡아 주지 않으면
봄은 성큼 오지 않는다
발칙한 도발桃發에
떨며 입 맞추지 않고는
사랑은 오지 않는다
눈부신 복사꽃 터널을
걸어 보지 않고는
속그리움을 풀 수 없다
맑은 술에 꽃잎 하나
오늘은 취해도 좋으리
은은한 꽃 달빛 아래
옛정을 풀면 또 어떠리
복사꽃 꽃구름 없이는
봄은 길을 찾지 못한다

꽃들의 질서

노랑머리 산수유가 맨 먼저 달려오더니
아, 겨울은 참 길었다 기지개를 켜며
수줍은 매화가 화사한 얼굴을 내밀고

개나리꽃 진노랑 파도를 배경으로
꿈결인 듯 구름떼 벚꽃 피었던 자리 너머
모과꽃 연분홍이 몰래 숨어 피었다

큰키나무 한바탕 잔치가 끝나고 나면
샐쭉한 철쭉 무리가 그다음 차례다
온 산에 진달래 핏빛 울음
이미 피고 진 자리 풀밭에서는

민들레 제비꽃 양지꽃 바람꽃
부를 수 없는 이름의 작은 꽃들까지
알아주는 사람 없어도 저희들끼리
따로 또 함께 피고 지고 다시 피었다

차례를 넘나드는 것은 인간뿐이라
눈부신 봄날에도 코로나는 홀로
학교에서 아이들을 흩어버리고
나이와 관계없이 사람을 부르고 있다

제1부 ─ 작은 것들이 어찌 이리 당당하여

꽃들의 연애

꽃들이 까놓고 연애 중이다
맵고 힘든 시절 지나 따뜻한 틈을 타
가장 현란한 색깔과 향기와 눈웃음으로
이 들 저 들 지나 앞뒤 산마다 불타는 봄
바람을 모으고 멀리 벌 나비를 불러
꽃은 저마다 짝을 찾아 구애에 나섰다
사는 일이 어찌 단맛뿐이겠는가
속 쓰린 세상이라도 후생後生을 위해
씨를 받아 남겨야 하는 생존의 시간
봄향기는 꽃들이 쏟아낸 애정의 물결이다
꽃이 나무의 생식기관이라면
꽃그늘 아래 입 다물지 못하고 우러르는
사람들의 경탄驚歎과 소란은 무엇이고
개화가 꽃의 발정發情이라면
벚꽃 아래 펼쳐 놓은 축제는 다 무엇인가
남의 내밀한 사랑 그 절정의 끝에
자리 펴놓고 구경하는 상춘賞春은 또 무엇인가
수직 물관을 땅에 박고 숨을 고르고
봄빛이 황홀경으로 물드는 순간

띠구름 하나 홀연히 흘러와
어쩔 줄 몰라 하는 꽃의 낯을 가려주고 있다

살구꽃 고향

고향이라면 살구꽃이렸다
마당가 살구나무 아래 아버지가 서 있어야 고향이겠다

봄날이라면 살구꽃이렸다 살구꽃 몽실몽실
뭉게구름처럼 생각나는 사람이 있어야 진짜 봄이겠다

살구꽃 보기가 어렵게 되면서 고향도 봄날도
마음속 사람도 사라지고 자꾸만 마음이 헛돈다

꽃잎 한 장씩 떨어져 날릴 때 우리는 끝없이 허전해져서
맥없는 기분으로 들판으로 숨 가쁘게 달려갔지만

살구나무 아래서 단내 나는 숨결을 가라앉히던
봄마다 버짐 피던 얼굴들은 다 어디로 갔을까

부질없는 삶은 살구나무 뒤에 켜켜이 쌓이고
꽃 지는 올봄에도 그리움은 다시 피어나는데

살구꽃 너머로 울어 저녁노을은 저리도 붉구나

통천포 배꽃

통천포通天浦에 배꽃이 피니
다시 세상은 안갯속처럼 아득하여라
한 치 앞도 알 수 없던 어린 사랑
그리움은 목울대에 깊이 박혀
계절은 저절로 부풀다 꺼지고
그대와 나의 거리距離는
가슴 미이길 만큼 가늠할 바 없이
밝은 세상이 눈앞에서 캄캄해졌다
땅은 온통 희고 하늘은 창창해도
너를 따라갈 바깥 길은 막혔고
포만한 꽃잎이 분분紛紛하여도
살아갈 날의 불빛 또한 까마득하여
나를 찾는 안길도 놓치고 말았다
통천포 너른 배밭에는
떠난 마음을 잡지 못한 아쉬움이
여전히 봄바람에 춤추고 있다

* 통천포通天浦, 공주의 지명. 배밭이 많다.

꽃 지랄 말 지랄

사는 일이 마음 같지 않아 답답하다고
바닷가에 주저앉아 물멍 하는 사람들이 있고
바다가 아니라 대접만 한 물만 보아도
울렁거려 미칠 것 같은 사람들이 있다

청춘의 꿈으로 거센 파도에 아린 사람들이 있고
잔잔한 바다에도 속이 뒤집히는 사람들이 있다
한때 가슴속에 희망의 불꽃을 키우고
나중에는 제 꿈으로 자식을 키웠던 사람들

금쪽같은 새끼들을 바다에 묻고 시간이 가도
가슴속에서 아이들을 떠내 보내지 못하고
억장이 무너지다 못해 제 가슴을 후벼 파며
또 새봄 꽃 지랄에 눈이 뒤집히는 사람들이 있다

이제는 아이들을 잊어야 할 때 보내줘야 할 때라고
남의 일이라고 점잖게 말 지랄하는 사람들을 보며
상처 난 자리에 소금 뿌리듯 또 한 번 참담함으로
후비고 무너진 가슴을 안고 울부짖는 사람들

그래 보내고 잊고 싶은 사람들은 정녕 우리들이니
배는 왜 침몰했고 왜 구조하지 않았는지
벌써 10년이다 어디 속 시원하게 진실을 밝혀라
미치지 않고는 하루도 살 수 없는 사람들이 있다

아름다운 꽃을 보고도 죄지은 양 얼굴을 돌리고
잠깐의 웃음도 남이 볼세라 고개를 피 묻는
10년을 산 것 같지 않게 산 사람들 한뎃잠 버리고
이제 돌아가 발 뻗고 잘 수 있도록 진실을 인양하라

제2부

꽃잎 하나하나에 하늘의 바람을 담고

오막집 한련화

아홉 살 꼬마의 키만큼 낮은 집에
한련화 몇 줄기 뻗고 있었다
주먹만 한 돌들로 쌓은 집은
숨소리까지 언제나 고요하고
마당에는 언제나 꽃이 피고 있었다
창틀에 매단 줄이 중심을 잡아주자
돌멩이조차 얌전한 오막집 뜰에
한련화 몇 송이 방패잎을 뚫고 피었다
애호박도 덩달아 한두 넝쿨
한 평 지붕 위로 기어오르고
잘 닦인 호미와 흰 고무신이
붉은 한련화 앞에서 빛나고 있었다
눈부신 햇살에 노을이 지면
할매는 유쾌한 꽃밭에서 넋을 놓았다
쫄깃한 행복이란 큰돈이 아니라
노을을 볼 수 있는 잠깐의 고요와
채송화 작은 꽃밭에 한련화 울타리
호미 한 자루 쥘 수 있는 힘이 있다면
충분하다는 것을 가르치고 있었다

야생화

산에 들에 산다고 쉽게 야생화라 하지 마라
본성을 따라 피고 웃고 지거늘
산에 들에 산다고 본데없다 하지 말고
수많은 생명을 통쳐 야생화라 부르지 마라

우리도 각각 얼굴이 있고 색깔이 있어
이도 저도 아닌 복수 명사가 아니라
각자가 고유명사임을 잊지 말아라
구절초면 구절초라 하고
얼레지면 얼레지라 하며
이름이 없다면 이름을 지어 부르라

산에 들에 여럿이 모여 함께 산다고
함부로 묶어서 부르지 말고
각각의 꽃잎 모양과 향기
무리 지어 어우러진 황홀한 색의 향연을 보라

꽃이 본래 길러지기 위한 것이 아니니
집에서 기르는 꽃들을 기준으로

사람들의 호사대로 말하지 마라
우리도 각자 독특한 향기가 있고
좋아하고 싫어하는 기호가 있거늘
마을 밖에 산다고 통칭으로 부르지 말고
집에서 기르는 꽃처럼 이름으로 불러다오

사람의 정성 손때 묻지 않고
땅바닥에 지천으로 피어
사람의 발바닥에 밟힌다 하여
하찮고 더러운 것이 아니니
들풀을 잡초라 부르지 않듯
야생화는 부당한 이름이라
우리 이름을 하나하나 따로 불러
홀로 함께 웃는 꽃들의 분명한 얼굴을 보라

마가렛

무슨 꽃이 꽃대 하나 올리지 못하고
이파리만 수풀처럼 무성하다냐
볼 때마다 불평인지 잔소린지
듣고 살던 한 뿌리 마가렛이
어느 날 꽃대 하나를 힘겹게 올렸다
어라, 얘가 내 말을 알아 들었나
꽃대 위에 앉은 둥근 꽃몽우리를
꽃을 처음 본 사람처럼 보고 또 보고
돌아서 며칠 뒤에 다시 와 보니
여기저기 꽃대가 올라오고 있다
다 시절이 있고 기약이 있거늘
정녕 꽃 때 하나 알아채지 못한
성급함을 비웃기나 하는 듯
탕 탕 탕 꽃망울 터트리는 날
성마른 사람은 전립선 탓에
꽃의 노산老産 투쟁은 잊어버린 채
오줌을 누지 못해 낑낑거리고
기껏 시원하게 오줌 누는 일 따위가
얼마나 소중한 일인지 깨닫고 있다

물망초, 나를 기억하지 마오

그리움은 물안개처럼
하루에도 수만 번 피었다 지고
꽃들도 평생 동안
수만 번은 피었다 지지만
사는 일 또한 얼마나 간절한 것인가
피우고 지우고 또 피며 드러낸
눈물 나도록 시리고 고운 얼굴
그 숨소리에 놀라
혼자서 얼마나 눈을 비비었던가
꽃잎 하나하나에
하늘의 바람을 다 담았음에도
잠시 비치다 스러지는 기쁨이여
비루한 일들 또한 사는 것이어서
흉터 깊은 꽃잎을 떨군 뒤에는
나를 기억하지 마오
날카로운 경고가 눈을 찌르고 있다

명자꽃, 허황된 약속

명자꽃 필 때 여기서 만나
그윽한 꽃 그림 다시 그려 보자던
약속은 끝내 지키지 못했네
봄마다 명자꽃은 피었다 졌지만
시도 때도 없이 심장 통증에 짓눌려
그대의 때는 여태 도착하지 못하고
여기 주차장에는 자주 비가 내렸네
바람 부는 날에도 눈 내리는 밤에도
명자꽃 약속은 결코 잊지 않았고
해마다 봄마다 붉은 눈물처럼 피어난
명자꽃 울타리에 서서 기다렸지만
속절없이 가물어 타는 듯한 올봄에
모래무지처럼 투명해진 몸을 끌고
그대는 불 속으로 뛰어들고 말았네
살아갈수록 도저히 수긍할 수 없던
아픔과 서러움과 눈물은 두고 가라
가보지 못한 곳을 평소 선망했듯이
그곳에도 설레는 희망을 안고 가라
말을 잃은 명자나무 아래서 나 혼자

허황된 약속을 하나하나 지워갔지만
함께 꾼 푸른 꿈은 놓지 못하고 있네

모과

꽃이 없이 어찌 열매가 열렸으랴만
모과에 꽃이 피는 줄은 정말 몰랐다
오월마다 연분홍으로 피었다 지며
저 스스로 몸을 숨기지 않았음에도
지금까지 꽃을 보지 못한 것은
오로지 보고 싶은 것만 보았거나
있는 것을 없는 것처럼 생각했거나
외모나 쓸모에 대한 편견이었겠지만
당연할 수 없는 것을 당연히 여기는
얄팍한 생각의 습관 탓이 컸으리라
등 굽은 어머니 투박한 손을 보면서
젊은 시절 희디흰 손등의 간절했던
새악시 청초한 꿈은 보지 못했고
자잘한 주름살 늙고 퀭한 눈을 보면서
눈물에 잠긴 세월을 읽지 못한 것은
모과꽃을 보지 못한 것과 같은 까닭이니
우연한 오월 어느 날 모과나무는
우둔한 자여 열매만 말고 꽃을 보라며
이파리 뒤에 숨어 열매를 익히는
꽃과 햇빛의 협업을 지켜보고 있다

작약

사랑을 한다면
이렇게 하라

땅속 더딘 예열 끝에
한순간에 터지는 불꽃

딸꾹질 침 한 방울이나
한줄기 빗물 또는 바람으로는

결단코
진압할 수 없는 폭발

마음을 졸이고
애간장을 태워서

환장하게
제 몸을 태우는 신열

그리고
그다음의 함박웃음

아카시아

까맣게 잊고 살았다 그 향기 그 사람
아카시아꽃 한 주먹으로
한 움큼의 허기를 달래던 그 시절
쌀 몇 줌으로 달랠 수 없었던 그 허기
새까맣게 잊고 살았다
한 손으로 높은 가지를 잡아 주며
기꺼이 가시에 함께 찔렸던 그 동무들
목숨을 위해서는 그까짓 가시 하나쯤
눈감아 주어야 한다는 것을
온몸으로 깨쳐 알았던 사람들
한 치 앞도 내다볼 수 없었던 그 시대
깜깜한 어둠을 굴리며 함께 살자던
그 다짐들을 거짓말처럼 잊고 살았다
어린 친구들 세월의 파도를 넘어 어디서
흰머리 아카시아 향기 날리며 살고 있을까
술에 취해 흔들리는 봄밤의 귀갓길
훅 불어닥친 향기에 무릎을 꺾으며
속 깊은 그리움을 너무 오래 잊고 살았다

찔레꽃

비가 내리고 쓸쓸히 비가 그치면
울 밑에 다소곳한 소복素服의 찔레꽃
쓸쓸한 것은 비가 아니라
내 속을 파고드는 옛날 때문이었음에도
해 뜨면 살포시 다시 피어나는 하얀 찔레꽃
장에 간 엄마를 기다리는 막막한 저녁
두엄 옆 찔레꽃 향기에 아이는 코피가 터졌다
꽃을 따기에는 까치발 해도 팔이 짧았고
가시를 무시하기에는 너무나 소심해
진한 향기 어둠 너머 세상은 아득하였다
한낮의 소음은 여러 겹 꽃잎 속에 숨었고
꽃잎 안에 잠든 천둥 벼락은 향기가 되었으나
큰길로 나갈 수 있는 시간의 얼굴을 가렸다
누가 듣거나 말거나 비는 혼자서 내리고
보거나 말거나 꽃은 저 홀로 피고 지지만
향기에 찔리고 추억에 눈물나는 날
찔레꽃은 번진 슬픔을 타고 담장을 넘었다

등꽃

하늘을 우러러 얼굴을 들지 않는 것은
굽은 허리가 부끄러워서가 아니라
발아래 숱한 목숨을 살펴야 하기 때문이다
땅 위를 오가는 온갖 생명들에게
한 방울 꿀 밥상을 차려줘야 하기 때문이다
대낮의 열기에도 활짝 꽃잎을 여는 것은
날벌레 대중을 위한 한 끼 보시布施요
넝쿨 서로 얽혀 등꽃 터널을 만든 것은
꼬일 대로 꼬인 누더기 마음의 인생 대중
보라색 꽃그늘 아래 거친 숨을 내려놓고
단 하루 한 시간 한순간 찰나의 평안
숨통을 트는 차양遮陽을 하기 위함이다
굽은 천성으로 느리게 하늘을 오르는 것은
동류 칡꽃과의 경쟁 때문이 아니라
후미진 곳에 꼿꼿한 뜻을 세우기 위함이니
생명이란 본디 굳셈과 맞섬이 아니고
굽음과 소박함이라는 물의 심지心志가
등나무 꽃등의 가난한 마음이기 때문이다

장미의 꿈

꽃집이나 화려한 수목원 아니면
높은 담장이나 철조망 같은 데 말고
나도 수많은 꽃들이 저절로 피고 지는
바람 부는 오월의 들판에서 살고 싶다
풀풀 먼지 날리는 공장의 뜰에서
노동자들 밥상의 뒷배경이 되거나
대명천지에도 대접받지 못하는
여성들 일터에서 존엄의 꽃이 되고 싶다
아이들 공부를 훔쳐보던 학교 울타리에서
아침 저녁 아이들을 맞고 지켜본 것처럼
팔십 년도 지난 저 휴전선 철책에 기대어
금단의 땅을 넘어 폴짝폴짝 뛰어오는
남북 어린이들의 자유로운 가슴팍에서
빛나는 장미 코사지가 되고 싶다
이 땅의 누군가에게 향기도 힘이 된다면
몸 안의 가시를 모두 털어내고
울고 싶은 사람들의 울타리가 되어
차별과 혐오를 걷어내는 꽃이 되고 싶다

감꽃

단아한 감꽃이 피고 지자
돋아난 손톱만 한 땡감 몇 알
여름은 떫은맛과 함께 깊어 가고
마당가 흐트러진 꽃을 줍고 꿰어
가는 목에 감꽃 목걸이를 걸어준
마음만 붉어 서투른 소녀 소년은
수줍음을 키우며 어른이 되었다
땡감이 초여름 비바람에 그러하듯
땡볕을 견디는 것이 사랑이라고
희고 얇은 입술을 옷소매로 훔칠 때
초경初經처럼 번지는 자주색 감물
비벼도 지워지지 않는 감물을 보며
잠시 고개 숙여 얼굴을 붉히는 동안
노랑 감꽃 지고 뜨거운 감물 번지며
한 세상은 다시 홍시로 물들어 갔다

그 감나무

고향 집 마당 우물가에 감나무 한 그루
갈 때도 올 때도 말없이 서 있던 감나무
비 오는 날 식구들 모두 돌아올 때까지
손바닥에 떼구루루 빗방울 굴리던 잎사귀는
그리움이란 표면장력이라는 걸 알았을까
빗님이 태운 간지럼에 키드득 웃고 울다가
배꼽 같은 감꽃 안에 그리움을 감추었을까
바알갛게 서쪽 하늘에 노을이 타오르면
마음에 누군가 옛날 사람이 그리웠을까
내 고향 떠나던 날 밤에도 벙어리처럼
말 없이 제 자리에 서 있던 감나무 한 그루
잘 가라 사랑에 눈멀어 서투른 인생이여
손 한 번 흔들지 않았던 나무도 알았을까
빗소리 들으며 어떤 사랑을 추억했을까
그 나무는 아직도 고향 집 모서리에 서서
사랑이란 하는 것이 아니라 앓는 것이야
바람결에 겉늙은 방랑자를 위해
풍금소리 맞춰 노래 한 곡조 들려줄 수 있을까

엉겅퀴

가까이 오지 마라 가시를 곧추세우고
자유를 위해서는 갈기를 세워야 하리
마음도 물처럼 넘쳐 흘러갈 수 있으니
차마 눈부시어 바라볼 수 없는 광채로
사랑을 위해서는 거리를 두어야 하리
예리한 날벌레의 타겟이 되어도
수풀 속에 기꺼이 고개 빳빳이 들고
때로는 매운 울음으로만 견뎌야 하리
맞으리라 흔들리리라 밟혀주리라
그러나 결단코 바람에 죽을 수는 없다
참담한 다짐으로 일어나고 다시 일어서
거친 들판에 가시가지 가시꽃잎
오래 묵은 슬픔의 응어리 밖으로 꺼내어
자줏빛 심장을 하늘에 삐죽 걸어 두었다

감자꽃

감자밭에 두더지가 살았습니다
우거진 이랑을 옮겨 다닐 때마다
감자꽃 하얀 물결이 출렁이었습니다
여기저기서 가만가만 흔들리면서
한 주먹 두 주먹 흰 꽃이 줄어듭니다
두더지는 점심도 먹지 않는지
저녁이 되고야 움직임을 멈추었습니다
사위가 어둑하고 조용해지고 나서
두더지가 바로 엄마인 걸 알았습니다
감자꽃을 따줘야 씨알이 굵어진다고
온종일 기어다니며 꽃을 딴 것입니다
하지 감자를 찌는 풀물 든 손바닥에
먹물 같은 슬픔이 한 치나 배었습니다
베인 듯한 아림은 엄마의 땀 맛입니다
여름이 되어도 이제 꽃파도는 없습니다
무릎으로 일구던 엄마의 감자꽃밭은
멀리 하늘나라로 이사 가고 말았습니다

자주달개비

하늘처럼 높은 세계는 몰라요
햇살 비치는 환한 세상도 몰라요
구석진 화단 뒤꼍이나 도랑 옆길
어두운 곳에 부끄러움 꼭꼭 싸매고
이름난 꽃 무더기 뒤에 숨어서
비 그치면 빼꼼히 얼굴을 내밀고
정화수 한 사발 청량함으로 피지요
사람 눈이나 두더지 발치를 피해
지렁이 숨어드는 한갓지고 촉촉한 땅에
자폐自閉와 고립을 스스로 택하여
비슷비슷한 키의 꽃들이 올망졸망
저들끼리 자수정 눈빛 밝히며 살지요

별꽃

심은 사람 없고 키워주는 사람 없어
눈물이야 밥풀이야 별별 별꼴이라 별꽃이다

일부러 찾지 않으면 아무에게나 보이지 않는
눈곱만큼 작은 별꽃 한 무더기 또 한 무더기
골목길 모퉁이에 숨어서 다소곳이 피었다

별빛 은하수가 거센 강물처럼 쏟아지는 밤
별이 지상에 별사탕을 수북이 뿌려놓았다

해만 바라보는 단심丹心의 해바라기와
달을 맞아 밤새 얼굴 붉히는 달맞이꽃과
모래 언덕에서 바람맞는 바람꽃도 있지만

별꽃은 까마득한 별의 전설을 땅으로 불러들여
광년光年의 별빛 그리움을 소금 뿌리듯 뿌려놓고

크기도 모양도 이름도 같잖은 것들로 하여금
세상의 일이여 멀고 아득하고 가뭇하구나
하늘과 땅과 사람의 일을 애써 설명하고 있다

호박꽃

너 같은 것도 꽃이냐
괄시와 천대가
나의 운명이었으나
보리밥 한 덩이로
구차한 목숨을 잇던 시절
들판에 지천인 것들끼리
쿰쿰한 된장국으로 끓여
그대 민초를 먹이고
긴긴밤이면
뒷구멍 호박씨 까는 이야기로
핏기없는 들숨에 날숨을
붙여준 것이 누구냐
나야말로
생명 중의 생명
꽃 중의 꽃이 아니더냐
진심으로 묻고 싶다

제3부

당신에게 물들며 물들이고 싶다

백합꽃

스스로 실도 잦지 않고 짜지도 아니하였음에도
꽃 너 하나가 임금의 영광보다 낫다는 말씀을
당신 앞에서 당신을 보면서도 깨닫지 못하고
무엇을 먹을까 근심하지 말라 하셨음에도
온종일 헛물을 켜고 헛것을 찾아 기웃거렸으며
오늘 있다가 내일 아궁이에 던져지는 들풀도
입히시는데 하물며 니희일까 보냐 하셨음에도
말씀이 아니라 헛된 이름을 찾아 헤매었습니다
왕의 영광이 백합 하나만도 못하다고 배웠음에도
우리는 꽃의 의미를 참되게 살피기는커녕
겉모양과 명예를 좇다가 넋을 잃고 말았습니다
백합은 하늘의 영광을 위해서가 아니라
저 자신을 위해 피었다 지는 것이고
너는 무릇 미혹되어 허방에 빠지지 마라
꽃에게서 배워야 할 것을 정말 배우지 못했습니다

* 누가복음 12장 27~29절

몽산포 해당화

아직은 해당화가 피어 있었다
방파제에 갇힌 갯바람이 순해져
모래 언덕은 자꾸만 무너졌고
갈매기는 여전히 분주했으나
해당화 피고 지던 시절 총각 선생님을
노래하던 사람들은 돌아오지 않았다

간혹 해당화의 노래를 잊지 못하는
철 지난 사람들이 포구에 모이고
꽃이라고는 마음에 없는 사람들에 섞여
청년의 때처럼 한 잔 술에 취해 울었으나
비빌 언덕을 잃은 해당화는 따라 울지 못했다

나이 들어도 늙지 못하는 사내들만이
밤이 늦도록 잔을 놓지 못할 뿐
부풀어 떠들다 다시 잠든 바다를 끼고
찔레인 듯 장미인 듯 꿈결인 듯 생시인 듯
해당화 혼자서 부실한 모래 한 주먹 붙잡고
몽산포 붉은 노을 한 조각 베어 물고 있었다

탐욕의 휴양은 자본의 꽃씨처럼 퍼지고
그리움이야 이제는 하찮은 것이라
꽃 넝쿨 팔 걸고 뻗을 자리 하나 남기지 않고
개발이 모래밭 흰 목을 조여 오자
사라지는 것들은 아직 안부도 남기지 못했다

유월 밤꽃

과부들만 좋아한다냐
이 시큼하고 비릿한 냄새
미치겠다 환장허겄어
벌들도 참기 어려운
달밤의 달뜬 치기稚氣
꽃 피는 봄날도
뜨거운 여름도 잠깐이나
욕망은 끊임없이 솟아
오늘 밤 꿀벌은
밤새 춤추고 날아야 하리라

비단 미칠 것들이 향기뿐이랴
밤꽃 냄새 같은 피 내음
핏물로 물든 유월의
전쟁과 어린 민주주의
세차게 타서 밝혀야 할
세상이 저 아래 있으니
산꼭대기 풍경은 잊으라
높이 오르지 않아도

제 3 부 — 당신에게 물들며 물들이고 싶다

코끝을 찌르는 아찔한
밤꽃 향기 하나로도
삶은 아름답고 충만하리니

나리

날씨는 점점 이상해지는데
어지러웠던 머리는
이제 조금 가라앉았나요
마음이 복잡할 때는
밖에 나가 나리꽃을 보세요
여린 몸이지만 꼿꼿하게
대궁 하나에 큰 꽃 하나
이거 하나면 족하지 않나요
꾀꼬리 청아한 노래까지
가끔 들을 수 있다면
오늘 하루가 충분하지 않나요
들어줄 사람 하나 없어
마음이 영 답답할 때는
큰 귀 열고 잘 들어주는
나리꽃에게로 가세요
나리꽃같이 마음 열고
사람들 아픈 이야기 들어주는
끄덕끄덕 끄덕이가 되세요
나리꽃 처연한 꽃술을 보며
속 없는 사람꽃으로 살아요

연꽃 법문

살아 계신가 신의 안부를 묻고 싶다면
아니 당신의 호흡을 느끼고 싶다면
연못 연꽃 앞에서 가만 무릎을 꿇으라
소문 없이 피는 연꽃의 발치에 앉아
바람 들고 불고 흘러가는 소리와
물결의 번짐을 지켜보고 있으면
연꽃 나지막한 흰 말씀 들을 것이다
신은 커다란 건물 안에 있지 아니하고
마이크 앞에서 크게 떠들지 않는다
진흙 속에서 연꽃이 꽃 이파리 하나씩
무슨 까닭으로 어떻게
묵언으로 수면 위에 피워 올리는지
무리 지어 몰려다니지 않아도
억울하고 연약한 심령들 하나하나
한 꽃 한 가슴에 모두 품어 안는지
물에도 젖지 않는 겹겹의 꽃잎 중생들
떼구루루 연잎에 굴려 햇빛을 받아내고
물에서 불꽃 해탈을 이루는지 지켜보아라
그대 있을 곳이 진정 어디인지 알게 되리라

메꽃

낮이고 밤이고
보아주는 사람은 없어도
나도 보이는 꽃이고 싶다
담장이나 나무 기둥 같은
지주支柱에 기대어
타고 뻗고 기어오르는 일이
오롯이 운명인
작고 미천한 것들에
애써 허리 굽혀
눈 맞춰주는 이 없으나
장미에 터지는 탄성
한 다발 나도 받고 싶다
날마다 천변을 걸으며
근육과 명줄을 단련하는
분주한 인파 속에서
밤새 눕지 않고 타오르는 것이
사는 일이라고
달님만이 나를 비추고 있다

채송화

몸을 땅에 최대한
가깝게 붙여서
굳이 하늘 같은 건
우러러보지 않고
아래라고
내려다보지 않으며
아무 일 없이도
햇빛이 나면
작은 꽃들 모여서
가는 목을 받들고
피고 번져
알아주는 사람
하나 없어도
울 밑이나 도랑 옆
낮은 세상을
혼자서도
환하게 비추고 있다

개망초

아무 데나 지천으로 피는 꽃이라고
망할 망 자字도 모자라
개 자字를 더한 못난 이름이라고
함부로 하찮게 대접받지만
귀하지 않음으로 허영을 없애고
가까이 있으므로 마음 쓰지 않게 하고
부르기 쉬워 혀를 편케 하는 꽃이여
보는 이의 눈이 맑고 곱다면
아무하고나 잘 어울려 기꺼이
남을 높이는 배경이 되어주니
어디서나 뿌리내려 근력을 보여주고
남의 눈치코치 안 보고 아무렇게나
바람에 내줘도 꺾이지 않고
중심을 잡아 스스로 피어나니
그대야말로
굽어 온전하다*는 말씀을
살아내는 진정한 도道의 몸이로구나

* 곡즉전曲卽全 : 도덕경 22장

수국

꾀꼬리가 울며 봄을 물고 오더니
수국이 환해지며 장마를 불렀네
아무리 하늘을 올려봐도
천문天文을 볼 수 없고
코 박고 땅을 내려보아도
옆 사람 심기조차 알 수 없거늘
눈부시구나
하늘하늘 송이 눈 작은 원형 꽃잎들
꽉 찬 속 풀어내며 일으킨 바람에
둥글어 통하여 세상을 적시는 웃음
꼼짝도 하지 않고
가만히 눈 감고 있어도
수국은 어찌
만 리 밖에 구름들
은밀한 운동을 알고 있는가

도라지, 꽃이여

가물다더니
작물이 모두 타들어 간다더니
저수지가 다 메말랐다고
원망에 아우성에 저주질이더니
이제는 또 장마라고
태풍 같은 바람이 분다고
순식간에 바뀐 걱정이 태산 같구나
또 어디가 새고 넘치고
터지고 누가 빠져 죽고
농사를 망치고 물가는 오르고
그래서 혈압이 올라 약을 먹거나
마악 돌아버리려는 한 세상
도라지, 꽃이여 너는 알고 있지
일 년 열두 달 산비탈에서
마르거나 젖거나 버티며 살고 있으니
한때의 가뭄도 장마도 원망도 잠시요
살 떨리는 기쁨도
하늘이 무너질 것 같은 슬픔도
지나가는 바람이라는 것을

가물어도 뿌리에 수분을 담고
장마에도 뿌리를 썩히지 않는 도라지
꽃이여, 속이 터져
보라색 쓴 물을 뒤집어쓰고도
고상하게 웃고 있는 너는 알고 있지

능소화

기대어 피는 것이 무슨 허물이랴
서러운 날 주저앉아 등 기대어
눈물 훔치고 사는 것이 삶인 것을
혹시나 꿈속에서 임을 볼까 하여
기어이 담이나 나무를 타고 올라
끝내 우아한 주황 울음 터뜨리고
바람 불면 가끔 줄기를 잡아 흔들어
담장 너머 찬란한 함성을 지르노니
입추 거쳐 말복을 지나도
맹렬한 염천炎天 아래서
곧은 목 길게 빼 들고 꼿꼿이
그럼에도 곧 가을은 오리라
꽃차례 햇살에 통째로 떨구며
사랑의 떨림으로 꽃은 피고
새 삶의 기약을 믿고 지는 것이라
하늘을 붙잡고 외치고 있다
아름답구나 못다한 사랑이여
눈물겨운 윤회가 깊어가고 있다

능소화 피는 집

새집을 지으면 천창을 하나 내야겠다
가능하면 방마다 벽마다 창을 내고
더 가능하다면 유리 통창을 해야겠다
그리하여 집이 다 지어지면
방바닥에 누워 별을 보며 꿈을 꾸고
창을 통해 바깥세상을 더 많이 보고
더 많은 바깥을 집안으로 들여야겠다
앞산 풍경을 몽땅 안으로 들여와
달빛과 별빛 새소리와 물소리까지
모두 불러 한바탕 마을 잔치를 벌여야겠다
잔치가 끝나면
창문 아래 화단에 능소화 몇 그루 심어
창가에 기대 먼저 떠난 사람들을 기억하고
따순 밥 한 끼를 찾아 일 나가는 벗들을 위해
새벽 일찍 일어나 능소화 창가에
따뜻한 등잔불 하나 걸어두어야겠다

접시꽃 편지

해마다 유월이 오면
타오르는 햇빛을 꽃밭에 모아
자주 진홍에 연분홍 새하양
색깔 잔치 향기 잔치로 한 세상
당신에게 물들며 물들이고 싶다
이곳 이맘때 이만한 높이에 서서
땅 위의 키 작은 이웃들과 함께
접시만큼 큰 귀의 안테나를 열어
두근거림에 주파수를 맞춰
메마른 사람들 가슴에 불을 질러
뜨거운 사랑의 파도에 휩쓸리고 싶다
이만큼 나이 들고 살았어도
성장盛粧을 뽐내는 이름난 꽃들과
이룰 바를 다 이루었음에도
이름조차 없이 스러진 풀꽃들 속에서
여전히 치명적인 사랑에
가슴을 앓고 있는 철없는 사람들에게
나도 뜨거운 깃발로 팔랑거리고 싶다

맨드라미

소나기 갑자기 퍼붓는 공사장 한 켠에
대머리 맨드라미 두엇 피어 있었다
다급히 물 퍼내는 노동자들을 보고도
맨드라미는 따로 할 일이 없었다
불구덩이로 내려가는 노동자들 대신
욕지기하듯 맨드라미는 컥컥댈 뿐
철근 마디에 튀는 폭염을 피낼 수도
바람이나 눈물 한 방울 보탤 수도 없었다
숨 쉴 수 없는 뜨거운 아스팔트 위로
아련히 피어오르는 아지랑이 열기 너머
부여장 논티장 은산장 홍산장 구룡장
부지런히 떠돌았던 장돌뱅이 어머니가
무겁게 머리에 인 곡식 자루가 보이고
어머니 귀가를 기다리던 여름날 동구 밖에
청승맞은 맨드라미 하나 환상처럼 서 있다
뜨거운 공사장 옆 붉은 맨드라미는
현기증과 화염의 분노로 타오르고
어릴 적 기억 속 동구 밖 맨드라미는
목구멍으로 스멀스멀 기어오르는
서러움 붉은 볏으로 다가오고 있었다

치자꽃

한여름 그중에서 가장 더울 때 피는 꽃
하얀 꽃잎은 저녁노을에 가장 빛나고
향기는 잠 못 드는 한밤에 가장 진하다

노을에 피는 치자꽃은 매우 낭만적이어서
사랑하는 이들의 가슴에 책갈피로 꽂히고
한밤중의 향기는 아주 염세주의적이어서
죽음을 생각하는 사람들의 코끝에 박힌다

곡진한 향기는 치자꽃의 눈물이어라
대낮의 벌을 미치게 하는 것처럼
잠 못 드는 사람들은 한밤에 넋이 빠진다

진한 꽃향기를 얻기 위해서는
죽은 꽃들을 아낌없이 잘라야 하듯
뜨거운 사랑을 얻기 위해서는
마음속의 상처를 도려내야 한다
자를 것은 자르고 솎을 것은 솎아내고
그리워할 것을 그리워해야 한다

치자꽃 향기에 물들기 위해서는
먼 먼 그리움을 가슴속에 숨겨야 한다
치자꽃물로 깊이 마음이 물들 때까지
그리운 것들을 사랑해야 한다
저 하늘빛마저 노랗게 물들일 때까지
사랑하는 사람을 그리워해야 한다

사랑하는 자여 노을빛 치자꽃에게 가라

풀씨

풀씨 하나 날아와 풀꽃 하나 피었습니다
꼭꼭 걸어 잠근 창문을 어찌 들어왔는지
작년에 보지 못한 풀 하나 빈 화분에
허약한 풀대를 힘겹게 들어 올려
눈에 띄지 않게 작은 꽃 하나 피웠습니다

보이지 않아도 풀씨 구름 꽃가루떼처럼 날아
잎은 잎끼리 뿌리는 뿌리끼리 어깨를 걸고
방학 동안 아이들이 비워둔 운동장
비가 와도 끄떡없는 짱짱한 풀밭이 되었습니다

가끔씩 정신없는 꽃씨도 무리 지어 놀러 와
풀밭에 노랑 민들레 제비꽃 자주달개비
때로는 잡초라고 머리채 쥐어뜯기기도 하지만
이름이 없어 풀꽃인 동무들과 한 식구처럼
초록 물결에 형형색색의 우애를 보여줍니다

사람의 발길에 묻어오거나 바람에 실리어
세상의 가장 작은 풀씨가 단단한 바닥을 뚫고

제 3 부 — 당신에게 물들며 물들이고 싶다

아무 데서나 제멋대로 제 맘대로 나고 자라서
이름이 있는 꽃이나 없는 풀이나 나뉘지 않고
본디대로 어울리는 원초의 풀밭이 되어갑니다

배롱나무

기가 막혀도 열흘 가는 꽃 없다지
이 꽃 저 꽃 날려 꽃보라
고매하게 살다 우아하게 가노라
능소화마저 다 지고도
우리는 홀로 남아
뜻을 꺾지 않았다
살랑살랑 한 줄기 실바람
장난기 까르르 간지럼에도
수줍은 듯
하늘하늘 흔들리는 까닭은
목숨이 아니라
진분홍 황홀을 지키기 위함이었다
하루아침에 청춘은 가고
꿈인 듯 아닌 듯 아닌 것도 아닌 듯
은빛 고운 허리
가는 목선을 받치고
하나 둘 셋 세어 백날 동안
절집 모퉁이 끝자락 다랑논
벼꽃 내음 은은할 때까지

진분홍빛 갈망을 태우는
그 도도한 치열함이여!

제3부 ― 당신에게 물들며 물들이고 싶다

배롱나무 2

한 줄기 바람에
코가 꿰어 매롱
배롱나무
어린아이 장난기
겨드랑이 간지럼에
까르르 깔깔
배롱나무
연분홍빛 아린 연민에
눈앞이 아련아련
잔 술의 막걸리 취기
약한 농끼弄氣에도
다리가 꼬여
허둥지둥
아아 벨롱벨롱
배롱나무

*벨롱벨롱, 반짝반짝

봉숭아

그대에게 현재는 늘 과거였다
우아한 꽃들은 현재에서 빛나고
아름다운 미래로 배달되어 갔지만
그대의 주소는 늘 울밑이었고
마지막 기억은 뭉툭한 손톱이었다
아이들의 마을에서 자라서
한 번 더 손톱에서 붉어지던 꽃은
어른들 눈시울에서 눈물이 되었다
소쩍새 울음을 베고 누워
주름진 꽃자리 너머
새벽 별 하나를 바라보면서
내게서 당신까지의 거리
그리움이 닿는 시간을 가늠하면서
아침 햇살에 눈뜰 때까지
한지에 손톱을 묶은 무명실을 따라
그때 아이의 꿈길을 따라가고 싶다

바랭이

아이고 이 웬수 같은 것
땅속 깊이 호미날을 박고
끊어지지 않게 조심해서
목덜미를 잡고 뿌리째 뽑아도
하룻밤 자고 나면
토끼뜀 뛰듯 냅다 뛰어
한 발짝 더 저 앞으로
뻗어가는 극성이여

원수라니 그건 내 할 말이지
무얼 더 심어 먹겠다고
왜 남의 앞마당 코빼기까지
파고 뒤집고 지랄이여
그악스러운 인간들
제발 영역을 지키고 삽시다
종알대며 다리를 쪽쪽 뻗는다

제4부

절정에서 근본으로 돌아가는 길에

해바라기

내 사는 이유는 오직
당신으로부터 비롯되는 것이니
당신을 향해서 오롯이 얼굴을 듭니다
모든 길은 열을 피해 그늘 쪽으로 났으나
가장 더운 여름날 뜨거운 대낮에
나는 당신을 향해 창을 열었습니다
이름 있는 것들은 모두 한순간
칭송과 돈벌이를 위해 떠나갔지만
화려한 꽃들을 시기하지 않고
명예도 얼굴도 연연하지 않으며
투박한 씨를 거죽 뒤에 숨기고
분수에 맞게 마음을 다스리고 있으니
주야로 당신을 바라보는 것 하나
그 기쁨으로 살겠습니다
노랑꽃 큰 키 덕분에 이름 없는
어린것들 머리 위에 노란 해를 비추며
하루치만큼씩 커가는 모습 지켜보면서
달 없는 밤에는 달님으로 살겠습니다

질경이

후미진 땅바닥 한갓진 곳에서
잘나고 귀한 분들께 치고 받혀도
고개 빳빳이 주눅 들지 않고
옆으로 앞으로 당당하게 번진다

세상은 힘 있는 곳으로 바삐 달리며
빛나고 화려한 꽃들을 주목하지만
생명은 오직 맹목으로 끈질기게
씨를 보전하기 위해 살아남는 것

대소미추 大小美醜를 구별하는 건
자연에서는 부질없는 짓이니
짓밟으면 짓밟히는 아픔 속에
뿌리박고 하늘만 보고 살겠노라

저마다 아름다움을 향해 질주하지만
아름다움은 아름다움을 속이는 법
아름다움의 행진 압사의 힘을 모아
끝끝내 영글어 씨앗을 맺어

모두에게 약성藥性을 전파하리라

내 작은 키를 비웃는 자여
당신의 조롱마저 응원으로 삼아
강산에 지천으로 씨를 퍼뜨리리라

달맞이꽃

쏟아지는 햇살에 맞서
나 같은 게 뭐라고 고개 빳빳이 쳐들고
얼굴 세우고 있을 필요가 있을까요

오가는 사람들 한마디씩 하고
바람도 이따금 스치고 지나며
꽃밭 한 귀퉁이 쓸고 가는 마당에
꼿꼿이 턱 받치고 있을 이유가 뭐 있겠어요

그래도 그래도 말입니다
보는 사람들 아무도 없을 때
모두가 잠들고
당신 혼자 노랗게 하늘을 비출 때

어여삐 여겨 주는 당신에게
다소곳이 맑은 얼굴 한 번 들고
혼자서라도 웃어 보이면 안 될까요

보는 사람들 아무도 없을 때
당신 얼굴처럼 노랗게 피었다
조용히 숙이는 건 괜찮겠지요

감히 넘볼 수 없는 당신 앞에서
고개를 뒤로 돌리고
숨죽이 울다 가는 것이야 괜찮겠지요

분꽃

가진 것이라고는 한 움큼의 햇살과 앙다물고 아무리 다짐해도 쥘 것 없는 주먹과 땅거미 질 때 다가오는 원죄 같은 부끄러움뿐이었지 삶은 어둠을 뚫고 앞으로 나가는 거야 결심할 때도 주먹을 펴면 떨어지는 것은 염소똥 같은 까만 씨앗 몇 개 절망뿐이었지만 그것만으로도 충분히 행복했던 한때의 유년은 분꽃 아래서 시작되었다네 나이 들어 분꽃은 빈 주먹을 펴라고 했지 손을 펴서 쏟아지는 한 움큼의 햇살을 나누라고 가슴속의 햇살은 나눌수록 뜨거워진다고 한 움큼의 햇살 속에 하늘과 땅과 물이 출렁이고 삶의 숨결이 윤슬의 바다로 흐르고 있다고 빈손으로 왔으니 빈손으로 가는 게 당연하다고 한 움큼의 햇살만으로도 우리 인생은 충분했다고 저녁 분꽃이 해지는 곳으로 걸으며 말하고 있었네

다알리아

지나간 봄날은 아주 잊기로 했다
점점 길어지는 해를 보고도 빌지 않기로 했다

하늘은 감히 우러러보지 않기로 했다
바람이 불면 부는 대로 정면으로 맞기로 했다

여름이 뜨거우면 뜨거운 내로 가을에는
톡톡 쏘듯 따가운 햇볕을 견디기로 했다

허파의 헛된 꿈을 버리고 발바닥을 바라보며
오직 태양을 닮은 붉은 얼굴을 세우기로 했다

풀밭에 바라보는 시선이 점점 뜨거워지면
멀리서 빨갛게 타는 가슴을 찾아가기로 했다

서리가 내리는 늦가을 해 질 녘 강가에 서서
강물에 비치는 사람 하나 혼자서 생각해야겠다

얼비치는 강심江心에 흔들리는 까마득한 얼굴
다알리아 꽃잎 띄워 타는 그리움을 울어야겠다

코스모스

한들한들 피어 있는 꽃길이나
가만가만 흔들리는 춤사위나
표현할 길 막막한 형형색색이
코스모스 세계의 다는 아니다
그 가을 햇빛 눈 부시던 비단강
붉디붉은 파랑波浪을 따라간
서러운 작별이 코스모스다
바람의 부름을 받고 떠나버린
당신이 앉았던 그 자리에 앉아
부재의 허망함으로 애달파 하는
시퍼렇게 날이 선 망연함이다
시도 때도 없이 자리도 상관없이
함부로 피는 막꽃 막춤이 아니라
제사처럼 때맞춰 휘날리는 꽃밭
장대에 내건 그리움의 깃발이다

구절초

꽃 피고 지는 사이 호시절 잠깐이더라
아이가 놀다 간 사이 인생도 순간이더라
세상사 무거운 짐을 지고
턱밑까지 숨 몰아쉬고 있는 그대여
가시 같은 몸의 질병도 멀리 보고
번잡한 마음의 근심도 내려놓으시게
사랑이라 한들 남거둘 이유가 있을까
한때 좋았던 사랑의 기억도 지우고
아픈 다리 끌고 가볍게 길을 떠나시게
아픈 손가락 없는 사람 하나 없듯이
터놓고 말할 수 없는 묵은 슬픔 같은 것
하나씩 누구나 맘속에 담고 사는 법
가슴앓이 우울함 달빛에 쓸어 버리고
밤 깊어 어둡고 무서리가 내리기 전에
잘 사는 이 흔적조차 없다 하였으니*
괴로운 일을 즐거운 것으로 번역하여
가던 길마저 평안히 잘 가시게
늦가을밤 구절초 한 쌍 손을 흔들고 있네

* 선행무철적善行無轍迹 도덕경 27장

개쑥부쟁이

흔하디흔한 것이어서 발에 밟히다
기꺼이 으깨져 떡이 되고 국이 되어

민초를 먹여 살리던 쑥은 더욱 아니고
꺼부정 쑥대머리 쑥부쟁이는 아니어도

천하다 멸시하는 '개' 자(字)를 머리에 이고
이름이 이렇다고 꽃이야 달라지리야

들길이나 돌 틈에서 삐쭉 얼굴 내밀어
모양이 이렇다고 향기까지 바뀌었으랴

남보다 먼저 팔 벌려 홀로 가을을 맞아
연보라 또는 우윳빛 꽃잎 풀어 제치고

고상한 이름의 구절초는 아니더라도
된서리 내려도 꼿꼿한 본바탕으로

만인의 노랫말 들국화는 아니더라도
까짓 이름쯤이야 어떠랴 무시하면서

들판은 바람 불고 시끄러워도
나 홀로 내 빛깔로 꽃피며 살아가리라

옥수수

까도 까도 까는 게 양파라는데
벗기고 벗겨야 하는 것이 옥수수다
벗기기 어려워 쩔쩔매거나
손톱이 아리고 눈물 나는 건 아니지만

겉잎 뜯고 속잎을 벗기다 보면
당최 속곳이 몇 장인지 셀 수가 없다
안으로 들수록 속곳은 왜 그리
보드라워지는지 또한 알 수 없으나

떡메 치듯 오는 장마철 달구비나
훅훅 콧구멍까지 뻗치는 열기에도
수염 터럭조차 눈 하나 깜짝 않고

싸고 덮고 싸고 덮는 저 겹겹의
철벽 무장武裝으로 지키는 것은
보잘것없는 한주먹 씨앗이다
작은 씨알 속 둥근 하느님이다

단풍

세상은 시끄러워도
산은 어김없이 물들고
새가 울어도 나뭇잎은
소리 없이 지고 있다
흐르는 물에
잎은 순순히 떠내려가고
물든 단풍이 이니리
팔랑거리는 운동에
귀를 기울이면
소멸하며 돌아가는
생명의 길이 보인다
명멸하다 사라짐으로
가을산은 완성이다

과꽃

이리저리 세상 길 헤매다
날 저물고 길눈 어두워
쓸쓸한 골목길을 돌아서
과꽃 몇 송이 보았습니다
이제 동요 부를 나이 아니지만
노래에서 뚜벅뚜벅 걸어 나온
풀 죽은 과꽃을 만났습니다
해마다 꽃은 피고 졌겠지만
내 사는 것이 팍팍하고 곤하여
울고 웃는 것을 보지 못하고
골목골목 고샅을 돌다가 만난
자줏빛 과꽃에 서러워 눈물납니다
가락을 맞추지 못해 들쭉날쭉
노래 부르던 철부지 동무들은
다 어디서 어떻게 살고 있는지
빈 주먹 빈 가슴이 그립습니다
등 굽은 꽃대궁에서 돋아나는
추억의 꽃이파리 입에 물고
올해는 과꽃이 피었습니다
크게 함께 노래 부르고 싶습니다

국화 옆에서

삶이란 결국 서 있느냐
누워 있느냐 아니겠느냐
서서 죽느냐 고개 꺾고 사느냐
내 뜻대로 죽느냐 남 뜻 따라 사느냐
물속에 떠 있다 불구덩이에 눕는 것
그게 우리네 삶이거늘 그깟
소쩍새나 천둥이야 울든 말든
밤새 무서리야 내리든 말든
첫 뜻을 지키고 사는 것이
참된 삶이 아니겠느냐
곧 시들고 말 꽃이여
국화여, 그대여, 시인이여

지리산 동백꽃

누구를 따라가고 있는 것인가
누구를 따라 울고 있는 것인가
웃을 일 없고 울 일 많은 세상
세운 뜻을 따라 병든 몸을 끌고
힘겹게 오르던 붉은 황톳길에
얼굴 꾸밀 줄 몰라 처연하게
고단한 핍박 자국처럼 검붉게
한숨 몰아쉬고 눈물 흘리며
붉은 동백꽃이 무리 지어 피었다
통째로 피었다 통째로 떨어져
떨어져서도 결코 쉽게는
죽을 수 없는 지난한 세월이었다
고난은 도둑처럼 순식간에 오지만
해방은 은총처럼 쉽게 오지 않아
꽃잎 혼자 하나씩은 죽을 수 없어
두 주먹 불끈 쥐고 입을 앙다문 채
졸지에 모가지를 꺾는 삶이었다
함께 살자 뜻의 길을 따라갔다가
심판의 역사에 몸이 꺾인 채

제4부 — 절정에서 근본으로 돌아가는 길에

발자국을 끌고 숨어든 사람들이
집 뒤란에 어린 동백꽃을 심었다
눈부신 봄날이라 눈물 나는 때
작년에 피지 않은 동백꽃이 피었다
산속에서 죽은 사람들 핏자국 같은
붉은 동백꽃이 뒤껼 울타리에 피었다

억새

줄기 속 비워 몸을 세우고
한 줌 흙을 잡아 땅을 지킨
나를 위해서라면
물줄기 하나쯤은 흘러야 하리라

벅찬 봄 농사에 숨죽이다
희망을 놓고 우는 늙은 농부들에게
여름 내내 손 흔들어준 수고를 위해
바람은 한 줄기 불어주어야 하리라

가을이면 길옆으로 줄느런히 서서
지친 영혼의 환호를 위해 춤추고
겨울 되어 몸 바쳐 불길에 타올라
내년 봄 박토에 땅심이 될 수 있다면

억새꽃 눈부신 들판 한갓진 삶에게도
감사의 눈물 한 움큼 흘러야 하리라
하이얗게 흔들리는 물결의 신명을 위해
한밤중에 달빛도 노랗게 빛나야 하리라

붉은 인동초

잠자리에 들어 울어보지 않은 사람
눈물 젖은 빵을 먹어보지 않은 사람은
하늘의 뜻을 알지 못한다는 말이 있고

등가죽 살갗을 찌르는 섶을 베고 누워
쓰디쓴 쓸개를 잘근잘근 씹고 씹으며
새 세상을 꿈꾼다는 옛말이 있지만

발가락 떨어져 나가는 엄동의 땅을 딛고
봄은 과연 올 것인지 겨울바람을 맞으며
차마 꿈꿀 수 없는 새날을 기다리던 시절

다들 학교 갈 나이에 공장밥을 먹으며
굽은 팔 산재產災를 입고도 위로는커녕
영혼을 베어내는 삿대질 악다구니 속에서

까마득한 수직 담벼락을 타고 올라 기어이
절망을 넘고 마침내 활짝 열어젖힌 꽃잎
견디고 이겨서 환한 개벽의 눈물이여

파

겨울을 앞둔 파밭에서
검은 머리 파뿌리 되도록
백년해로百年偕老하라던
결혼식 주례사를 생각합니다
엔간한 힘으로는 뽑히지 않는
짱짱한 실뿌리를 들어 올리며
얽힌 실타래 같은 일상사에
시퍼런 목숨줄 걸려 있으니
살면서 반드시 힘들 때마다
엄동을 나기 위해 깊고 넓게
뻗는 파뿌리의 근성根性으로
검은 머리가 새하야지도록
그저 오래 오오래가 아니라
잔뿌리 뭉치처럼 맞잡고 살라
강고한 결속結束의 말씀으로
속절없이 무너지는 세월에
스스로 주례사를 고치며 삽니다

서리태

고 작은 콩알
생명 하나 맺는 데도
햇빛 머금은 바람이 불고
땅심이 받쳐줘야 하지만
제 빛 제 맛 나는
속청을 얻기 위해서는
찬바람 된서리에
등골이 시리도록
온전히 목을 걸고
얼었다 녹았다
끝내 살아내야 하리라
기러기 돌아오고도 한참
진땀 흘리며
알콩달콩 콩깍지 씌인
한 생이 버티고 있다

눈꽃

울어 본 적이 있는가
나이 들어 울며
방울방울 떨어지는 눈물을
깊숙이 들여다본 적이 있는가

맑아 중립적인 눈물 속에서
만주 벌판 휘젓고 달려온
시베리아 칼바람 아래
꿈틀대며 걸어온 삶의 얼음꽃
눈물의 고갱이를 본 적이 있는가

겨울 덕유산 향적봉 가는 길
죽어 천년을 사는 주목 나무 끝에
활짝 핀 눈꽃을 본 적이 있는가

벌거벗은 산등성이에서
긴 세월 등줄기에 맞던 겨울바람
돌아보는 나무의 눈물을,
봄꽃이 생명의 환희이듯

죽어 천년 나무의 기림이 눈꽃인 것을,

해오름 햇살 사이 눈부신 눈꽃
넋 놓고 우러르는 눈들이야말로
애절한 눈물의 기도인 것을,
아는가 그대

낙화

영혼까지 불러 잡고 있는 것은
꽃가지가 아니라 푸른 허공이었다
부끄럼 한 점 가릴 것 없는 허공이었다
하늘을 받쳐 들고 있는 대략 열흘
하늘 그물이 아무리 촘촘할지라도
걸릴 것도 잡힐 것도 없는 시간이었다
살아나갈 앞날의 시간이 아니라
운명을 감당할 고통의 자유였다
근육이 풀리고 악력握力이 다하면
하늘을 버리고 땅으로 비상하여
꽃은 다시 절정의 순간이다
하늘을 우러러 피어서 한 번의 만발
땅에 절하며 또 한 번의 낙화落花
온전한 때를 알고 절정絶頂에서
근본根本으로 돌아가는 길이다

일화세계―花世界

불교에 '세계일화世界一花'라는 말이 있다. 뜻이 좋다 보니 유명한 사찰에 주련이나 편액으로 많이 걸려 있다. 말 그대로 세계가 하나의 꽃이라는 뜻인데, 세계의 본질을 만물의 조화, 세상의 평화라고 한마디로 정의하고 이를 촉구하는 것이라고 해석할 수 있다. 이 말에서 세계世界, 일一, 화花라는 세 개의 단어를 나누어서 생각할 필요가 있다. 세계는 현상이요, 물리物理요, 우주이고, 화花는 궁극이요, 이상이요, 불법佛法이다. 여기서 핵심은 일一인데 일一은 결국 불이不二를 의미한다. 현상과 본질, 현실과 궁극은 둘이 아니요, 물리와 불법도 결국 하나라는 뜻이다. 인간의 현실은 추상과 구체, 보편과 특수, 일반과 특별, 개별과 종합, 인간의 일은 자타, 선악, 장단, 고저, 미추 등 수없이 많은 대립적인 쌍개념의 조합으로 이루어진다. 현실에서는 이 쌍개념을 명확히 가리고 처신하는 능력을 분별력이라고 해서 높이 평

가하지만, 불교에서는 이런 구별을 경계하고, 이 '분별'이 부질없는 허상을 지어낸다고 본다. 모든 사물은 본디 하나의 상태일 뿐인데 사람들이 자기 입장에서 나누고 분별을 하며 급기야 남에 대한 시비선악是非善惡의 판단까지 하며 헛것을 만들어 낸다는 것이다. '불이不二'란 바로 이런 범인들의 분별심을 초월한 깨달음의 경지라고 할 수 있다.

근세에 이 '세계일화'라는 말을 세상에 널리 알린 분이 만공滿空(1871~1946) 선사인데, 그 뜻은 그의 유명한 법문에서도 금세 알 수 있다. "세계는 한 송이 꽃. 너와 내가 둘이 아니요, 산천초목이 둘이 아니요, 이 나라 저 나라가 둘이 아니요. 이 세상 모든 것이 한 송이 꽃. 어리석은 자들은 온 세상이 한 송이 꽃인 줄을 모르고 있다. 그래서 나와 너를 구분하고 내 것과 네 것을 분별하고 적과 동지를 구별하고 다투고 빼앗고 죽이고 있다. 그러나 지혜로운 눈으로 세상을 보아라. 흙이 있어야 풀이 있고, 풀이 있어야 짐승이 있고, 네가 있어야 내가 있고, 내가 있어야 네가 있는 법. 그래서 세계일화世界一花의 참뜻을 펴려면 지렁이 한 마리도 부처로 보고, 참새 한 마리도 부처로 보고 심지어 저 미운 원수마저도 부처로 봐야 할 것이요, 다른 종교를 믿는 사람들도 부처로 봐야 할 것이니 그리하면 세상 모두가 편안할 것이다."

그러나 그러한 도道의 세계와는 달리, 미천한 우리가 사는 현실은 엄연한 분리와 구별의 세계다. 강대국이 약소국의 목을 비틀어 제 원하는 것을 빼앗아가는 시대요, 자신의 정치적 목적을 위해서 남의 나라에 미사일을 쏘고도 신의 이름을 내세우며 평화를 위장하는 시대다. 돈만 된다면 어떠한 것도 합리화하고 합법화한다. 더 많은 것을 생산할 수 있다면, 그래서 그것이 돈이 될 수 있다면 다른 생명을 죽이고 결국은 자신도 해치는 제초제와 농약을 뿌리는 것을 망설이지 않는 농민과 농업이 창궐하는 시대다. 눈에 보이는 사물도 현상도 제 각각이어서 전체를 보고 유기적 연관성을 생각하기는 어렵다.

현실에서는 꽃도 추상이 아니라 구상이다. 눈앞에서 피고 지고 향기를 품고 눈부신 자태를 뽐내는 구체적인 실물이다. 겨울 추위를 이기고 눈더미를 뚫고 올라오는 노랑 복수초는 알 수 없는 힘을 몸이 느끼게 해주고, 가을 서리와 바람에 처량하게 꽃잎을 날리는 국화는 낙화 인생의 묘한 비애를 전달해 주지만, 그럼에도 불구하고, 이러한 현상 속에서 밑바닥에 감춰진 사물의 궁극적 섭리를 유추하기는 쉽지 않다.

  퇴직을 하고 나서 꽃을 유난히 많이, 자세히 보았다. 들로 산으로 쏘다니면서 보았고, 소셜 미디어를 통해 올라오는 온 나라의 꽃소식과 사진 들을 시시각각 보고 들었다. 개화의 환호작약과 낙화의 비분강개를 함께 들으며, 이른바 꽃과 수작하며 놀았다. 세상에는 하나의 꽃이 아니라 수많은 꽃들이 존재한다. 꽃은 누구에게나 영탄詠歎의 주제요, 정감을 노래하는 대상이다. 인간의 사랑과 이별의 자리에는 항상 꽃이 등장한다. 꽃이 피면 계절이 바뀌고, 계절이 바뀌면 새로운 꽃이 핀다. 꽃이 피고 지면서 세월의 채색이 달라진다. 홀로 피는 꽃도 있지만 어울려 함께 피는 꽃도 있다. 홀로 피는 꽃은 그것대로 예쁘고, 함께 피는 꽃들은 누가 특별히 손보지 않아도 모양이나 색깔이나 높낮이에 조화를 이루는 것이 천상의 화원을 재현한다. 이러한 모습에 꽃은 이름도 계급장도 내세우지 않는다.

인간사와 자연을 노래하는 시인에게 있어서는 꽃은 아주 친숙한 노래의 객체이며 주체이다. 꽃은 시인에게 통칭으로 소환되어 나오기도 하고 개별적인 꽃의 이름으로 불려 나오기도 한다. 김춘수의 '꽃'이나 나태주의 '풀꽃'은 통칭이며, 김소월의 '진달래꽃'과 서정주의 '국화 옆에서'는 개칭이다. 시인이란 사람치고 어떤 꽃을 자신의 시로 한 번 불러내 보지 않은 사람은 없을 것이다. 음풍농월 식의 시 쓰기나 영탄 조調의 시 쓰기를 의도적으로 회피했음에도 찾아보니 내게도 꽃을 제목으로 쓴 시가 이미 10여 편이 있었다. 백수의 한가한 시간에 꽃과 수작질하고 놀면서 아예 꽃을 소재나 주제 삼아 시집을 한 권 만들어 보기로 했다. 김춘수는 '다만 하나의 몸짓에 지나지 않았'던 '그의 이름을 불러주었을 때, 그는 나에게로 와서 꽃이 되었다'고 했는데, 나는 이름을 부르기 전에 꽃의 몸짓이 어떠한지를 살피려고 했다. 꽃의 몸짓이 가진 모양과 소리의 함의가 무엇이며, 그 꽃과 관련된 나의 기억과 경험이 무엇인가를 찾아내려고 노력했다. 꽃의 탐구와 사유가 가능했던 것은 모두 학교를 그만두고 내게 돌아온 시간과 마음의 여유 덕분이었다. 한해 내내 꽃을 보고 생각하고 살았다. 꽃의 렌즈를 통해서 자연과 인생을 들여다보았다.

세상에 꽃의 종류가 이렇게 많은 줄은 몰랐다. 이름을 알고 있는 꽃은 정말 그중에서 아주 일부에 불과했다. 눈곱만한 별꽃에서부터 해바라기까지 크기도 다르고 생김새도 다르고 향기도 다르고 성질도 다르고 색깔도 달랐다. 무릎을 꿇고 자세히 보아야 하는 꽃도 있었고, 멀리서도 누구인지 확연히 알아볼 수 있는 꽃도 있었다. 구태여 꽃말과 같은 인위적인 노력의 흔적을 찾아보지는 않았다. 뿌리와 줄기와 꽃대와 토양을 자세히 살펴보려고 했다. 보고 즐기는 대상으로서가 아니라 가이아 지구의 주민의 하나로 꽃들을 보려고 했다. 사물 공화국 주권자 꽃들이 같은 주권자인 나에게 하는 말을 들어보려고 했다. 꽃들과 관련된 내 어린 시절의 추억을 살펴보려고 했다. 꽃들 속에 보이는 아버지, 어머니, 동생들과 아내와 아이들, 우리 가족들의 모습을 살펴보려고 했다.

이러한 과정을 거치면서 하나의 꽃이 하나의 세계라는 생각을 하게 되었다. 세계가 일화라는 종교적 깨달음도 중요하지만, 하나의 꽃 속에 세계가 감추어져 있다는 것을 깨닫게 되었다. '세계일화世界一花'만이 아니라, '일화세계一花世界'도 진실이라는 것을 알게 된 것이다. 낮은 자리 후미진 그늘 속에 자라는 제비꽃의 말씀이 인간들의 중언부언 헛소리만 못하랴! 멀대처럼 키만 큰 해바라기의 지향志向이 어찌 곡학아세 하는 지식인들의 뜻만 같지 못하랴! 꽃밭에서, 풀밭에서 하나의 사물이 하늘이요, 매사가 하늘이라는 '물물천천物物天天 사사천천事事天天'이라는 해월 최시형 선생의 가르침의 뜻을 깨닫는다. '지금 이 자리가 바로 원만한 깨달음(원각)의 도량(圓覺道場何處 現今生死卽是)'이라는 것이 불교의 가르침이 아닌가?

태초에
태초 이후에도 부름이 있었고
부름이 있으매 이름이 있었고
이름이 있어 구별이 있었고
구별이 있으므로 알게 되었고
누구인지 알게 됨으로써
뜨거운 한낮에 꽃대를 세우고
애써 꽃을 피웠나니 어여뻐라
우리 모두 피어난 소명의 꽃
한 송이 꽃이 각각 세계이니
기쁜 마음으로 죽을 수 있노라
죽어 하늘의 별이 되리라
꽃을 비추는 별이 되리라
존재로 빛나는 꽃이여
그러함으로 당당히 받들 수 있고
당신을 받들 수 있으므로
그대 안에서 거듭 태어나
일컬어 행복이라 할 수 있다면
내 기꺼이 죽으리라
이름을 벗어 목숨을 걸고

저 높은 십자가에 매달리리라
- 〈모두가 꽃이다〉

꽃밭에서 자연의 세계에서 자연의 반질서 주범은 오직 인간뿐이라는 사실을 아프게 깨닫는다. 불과 얼마 전에 일단락된 코로나 사태가 이를 가르쳐준다. 인간의 탐욕이 초래한 개발의 광풍이 자연의 질서를 깨뜨림으로써 바이러스가 창궐하고 인간을 공격한 것이다. 인간의 편리와 이익추구에서 비롯된 기후위기와 온난화는 극지방과 시베리아 동토를 깨워 앞으로 어떤 모습으로 어떤 이름으로 우리를 공격할지 알 수 없다. 벌써 벌과 나비의 급격한 감소는 꽃과 과수의 세계를 교란하고 있다. 과일 하나를 먹기 위해서 나비와 벌 대신 사람들이 수정 붓을 들어야 할 판이다. 급격한 종의 감소와 변종들이 나타나고 있다.

노랑머리 산수유가 맨 먼저 달려오더니
아 겨울은 참 길었다 기지개를 켜며
수줍은 매화가 화사한 얼굴을 내밀고

개나리꽃 진노랑 파도를 배경으로
꿈결인 듯 구름 떼 벚꽃 피었던 자리 너머
모과꽃 연분홍이 몰래 숨어 피었다
큰키나무 한바탕 잔치가 끝나고 나면
샐쭉한 철쭉 무리가 그다음 차례다
온 산에 진달래 핏빛 울음
이미 피고 진 자리 풀밭에서는

민들레 제비꽃 양지꽃 바람꽃
부를 수 없는 이름의 작은 꽃들까지
알아주는 사람 없어도 저희들끼리
따로 또 함께 피고 지고 다시 피었다

차례를 넘나드는 것은 인간뿐이라
눈부신 봄날에도 코로나는 홀로
학교에서 아이들을 흩어버리고
나이와 관계없이 사람을 부르고 있다

- 〈꽃들의 질서〉

아니 그런데 꽃들과의 수작이라니! 그건 또 무슨

말인가? 수작酬酌이라는 말은 원래 술자리에서 주객들이 술잔을 주고받는 것을 가리키는 말이다. 흔히 수작질한다는 점잖지 않은 말뜻으로 쓰이지만, 원래는 술자리에서 벗들과 술잔을 주고받으면서 나누는 즐거운 대화라는 뜻이었다고 한다. 작은 꽃들과 같은 높이로 꿇어앉아 눈을 맞추고, 또는 키가 큰 꽃나무와 서서 주고받는 즐거운 대화를 수작이라고 표현해 보았다. 좀 더 친근해 보이지 않는가? 이렇게 친근한 자세로 꽃이 들려주는 말씀을 들으면 꽃이 곧 세계임을 알 수 있다. 꽃의 말씀이 하늘의 말씀이다. 그리하여 각각이 세계인 물물이 모여 하나의 꽃이 되고 궁극의 이 꽃은 평화라는 이름으로 부를 수 있지 않겠는가? 물론 수작이란 뛰어난 작품이라거나 손동작이라는 의미도 있어 꽃을 상징하는 중의적 표현이기도 하다.

목하 세상은 힘의 시대다. 돈이 힘인 시대다. 힘과 돈의 유무와 상관없이 모든 상대적인 존재를 아름다운 공존의 존재로 인식해야 한다. 천지가 모두 한 뿌리(천하동근天下同根)라는 것을 인식하면 세상은 고요해지고 뭇 생명은 편안해질 것이다. 모든 생명은 한 몸이다. 국적이나, 민족이나 피부색이나 민족들이 각각 꽃피운 문화도 지구라는 커다란 생명체라는 한 부분이요, 한 모습일 뿐이다. 세상에 홀로 있는 존재는 없다. 홀로 살 수 있는 존재도 없다. 홀로 피어난 꽃도 없다. 약자 없이는 강자도 존재하지 못한다. 약자와 강자를 구분하는 것 자체가 넌센스이다. 표지그림의 화가 최창남의 말처럼 '꽃 한 송이 피는데도 햇볕도 달빛도 별빛도 필요하다. 하늘의 기운도 땅의 기운도 있어야 하고, 비도 내리고 바람도 지나야 한다. 꽃 한 송이에도 온 우주의 기운이 다 담겨 있다. 연결되어 있지 않은 것은 아무것도 없다. 우리는 하나하나로 존재하지만 그 어느 것도 모든 것에서 벗어날 수 없다. 모든 것은 별개인 채로 모두 하나이다. 그러므로 내 삶을 잘 지키고 살려내는 것이 모든 다른 생명들을 지키고 살리는 것이기도 하다. 모든 것은 연결되어 있다.' 꽃밭에서 배우는 교훈이다.

후미진 땅바닥 한갓진 곳에서

잘나고 귀한 분들께 치고 받혀도
고개 빳빳이 주눅 들지 않고
옆으로 앞으로 당당하게 번진다

세상은 힘 있는 곳으로 바삐 달리며
빛나고 화려한 꽃들을 주목하지만
생명은 오직 맹목으로 끈질기게
씨를 보전하기 위해 살아남는 것

대소미추大小美醜를 구별하는 건
자연에서는 부질없는 짓이니
짓밟으면 짓밟히는 아픔 속에
뿌리박고 하늘만 보고 살겠노라

저마다 아름다움을 향해 질주하지만
아름다움은 아름다움을 속이는 법
아름다움의 행진 압사의 힘을 모아
끝끝내 영글어 씨앗을 맺어
모두에게 약성藥性을 전파하리라
내 작은 키를 비웃는 자여

당신의 조롱마저 응원으로 삼아
강산에 지천으로 씨를 퍼뜨리리라

- 〈질경이〉